Mein romantisches Tagebuch

zum Selber ausfüllen
(mit Linienspiegel am Buchende)

Hier ist dein Platz für Romantik.

Wer war deine erste, große Liebe? Bist du zum ersten Mal frisch verliebt? Möchtest du dich wieder verlieben?

Aus romantischen Gefühlen entstanden die größten Werke der Weltliteratur. Romantische Gefühle erobern Herzen im Sturm, Liebe und Romantik gehören zu den wahren Weltmächten.

Ob ein realer Mensch dein Herz erobert oder du romantische Gefühle für eine Filmfigur oder einen Star hegst – deine Gefühle sind real. Schreib sie nieder und erinner dich später daran.

An diesem Beispiel kannst du dich orientieren, passe es an dich an – mach die Liste persönlicher, ganz zu dir passend!

- ❖ Name
- ❖ Größe / Gewicht
- ❖ Haarfarbe / Augenfarbe
- ❖ Kontaktmöglichkeit (E-Mail, Telefonnummer, Lieblingsplatz, ...)
- ❖ Was hat dir an dieser Person gefallen?
- ❖ Was hat dich an dieser Person abgestoßen?
- ❖ Welche romantischen Gefühle hast du für sie und welche möchtest du ausleben?
- ❖ Was denkst du dir über diese Person?
- ❖ Deine Gedanken …
- ❖ Platz für ein Bild deines Traumes …

Genieße die Romantik und erfreu dich an ihr!

Dein A. Blade!